Ocke Bandixen

Tims geheimes Fußball-Tagebuch

Angstgegner im Abseits

Band 3

Illustriert von Dominik Rupp

LOEWE WOW!

Alle Bände von **TIMS GEHEIMES FUßBALL-TAGEBUCH** bei Loewe Wow!

Band 1: 11 Freunde und ich

Band 2: Ein unnötiger Ballverlust

Band 3: Angstgegner im Abseits

Für alle
Taktik-Trickser!

Aufstellung:

Das ist **Sergio Mavalli** – Wunderstürmer und Profifußballer beim FC Fortuna. Wir sind dicke Freunde. In dieser Geschichte trainiert er für kurze Zeit unseren Erzfeind Ludwigsbrück!

Das bin ich, **Tim** – Trainer beim SC Hegenwald, mein bester Freund ist ein Fußballstar, ansonsten bin ich ziemlich normal.

Konrad
guter Freund von mir, diesmal mein Co-Trainer

Mareike
Freundin, Co-Trainerin

Papa und Mama
ist klar

Martha
meine kleine Schwester

Clemens

mein nerviger großer Bruder,
er spielt übrigens seit einem
Streit bei Ludwigsbrück!

Max

Nervensäge aus der Parallelklasse,
hängt immer bei Ludwigsbrück rum

Gordo

der eigentliche Trainer
von Ludwigsbrück, braucht
diesmal Hilfe vom Wunder-
stürmer

Tante Rosalie

fragt lieber nicht ...

Liebes Tagebuch,
ich muss etwas gestehen.
Ich bin ratlos – als Trainer!

Denn **Teutonia Ludwigsbrück** verliert dauernd.

Klar, Ludwigsbrück ist unser Erzfeind. Schon immer. Der doofe Max aus der Parallelklasse ist auch dabei.

Dass sie immer verlieren, ist natürlich einerseits toll.

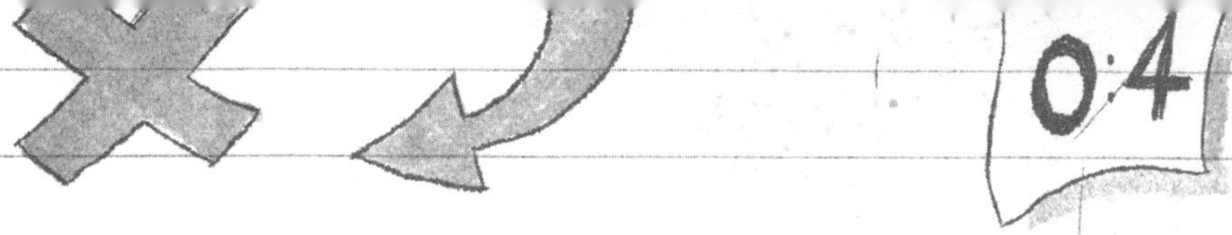

Aber andererseits mache ich mir Sorgen. Sie haben schon sechs Niederlagen in Folge kassiert. Ziemlich hoch.

Nächste Woche spielt der
SC Hegenwald gegen Ludwigsbrück.

Meine Mannschaft. Die **A-Jugend**.

B-edrängt mich nicht so.
C-haos hier!
D-rängler!
E-rwarte Besuch.
F-ürchterlich hier!
H-ier ist hinten!
Ist hier das Ende der Schlange?
Wir sind die Wunderwürmer!

Sind Sie auch schon so gespannt? Was werden sich der Top-Trainer Tim und der Wunderstürmer Sergio Mavalli wohl zu sagen haben?

Hallo.
Hallo.
Ich würde sagen,
das Gespräch stockt.

Sergio Mavalli,

- [x] mein Freund
- [x] Wunderstürmer
- [x] internationaler Fußballstar
- [x] italienischer Nationalspieler
- [x] Ratgeber für mich als Trainer
- [x] guter Typ
- [ ] Freund (ach nee, hatten wir ja schon)

Und eben noch ganz viel mehr …
(kann man noch mehr eintragen,
wenn man will.)

Nur mit dem Orangensaft kleckert
er manchmal. Macht nichts.

Sergio, Ludwigsbrück hat in letzter Zeit total oft verloren.
Du verstehst?
Miese Saison!
Mist an der Hacke!
Kein Fuß am Grund!
Torflaute!
Schlechte Phase!
Pleitewelle!
So langsam verstehe ich! Sie spielen nicht gut und verlieren dann.

Und jetzt spielen sie als Nächstes gegen uns. Aber so macht Gewinnen doch keinen Spaß!
Nein.
Ohne Dribbeln?
Ohne Doppelpass?

Ohne Abseitsfalle?
Ohne Zweikampfkombinationszauberfußball vom Torwart in die Verteidigung über das Mittelfeld auf den entscheidenden Stürmer vor dem Tor?
Ich glaube, der geht rein.
Da liegst du daneben, äh, stehst!

TEUTON
Liebes Tagebuch,
eines ist klar. Für eine **Taktik-Analyse** brauchen wir mehr Informationen.
Was läuft schief bei Teutonia Ludwigsbrück?

Vielleicht bekommen wir beim Training etwas heraus.

Am besten **unerkannt.**

Die Mannschaft aus Ludwigsbrück kenne ich ja ganz gut.
Gordo, den dicken Trainer.
Dann natürlich **Clemens**, meinen Bruder, in der Verteidigung

Ach ja, und der doofe Max
aus der Parallelklasse.
Ist so eine Art Superfan!

Pudding-Paul im Sturm
mit dem starken Schuss und
all die anderen ...

Aber auch beim Training merkte man:
Hier ist es nicht wie sonst.
Spaß macht es jedenfalls keinem
von ihnen.
5

Kommt, Brüder, wir laufen uns schon mal warm. Die schlafen hier gleich ein!

Na toll!
Guter **Schuss**, Clemens.
Jeder kann heute trainieren,
wie er will.
Also, wenn er will.

Nee.
Nö.
Nie.
Keinen **Bock**.
Ich habe hier einen **Bock**!
Möchte jemand?

Klarer Fall, Tim. Wir haben es hier mit einer alten **Fußballer-Rechnung** zu tun:

Schlechte Spiele

+ noch mehr schlechte Spiele

+ viele Gegentore

+ noch viel mehr schlechte Spiele

+ miese Stimmung

+ blödes Training

= kein Erfolg, keine Lust und noch eine ganze Reihe weiterer schlechter Spiele

Aber ist das wirklich alles?
Ich habe da so ein Gefühl,
wie nur **Trainer** es haben –
ein **Taktik-Trommeln** im Bauch.
Was ist los bei Ludwigsbrück?
Warum haben die keine Lust mehr?

Beim Abendbrot versuchte ich es mal bei meinem Bruder. Der musste es doch wissen!

Hast du wieder den ganzen Tag aufs Handy geschaut? Oder hast du zu viel Cola getrunken?
Ich glaub, der ist sauer.
Hör bloß auf, ich auch!

Liebes Tagebuch! Das ist es also nicht. Wie können wir es aber herausbekommen? Was ist das Geheimnis der schlechten Leistung? Sergio und ich werden Clemens im Auge behalten.

Hallo?
Ist hier jemand?
Das ist aber jetzt unheimlich!
Dann verkriech dich doch!

Aber wir bekamen nicht mehr heraus. Am nächsten Tag in der Schule hatte ich eine andere Idee. Als Meistertrainer lebe ich schließlich von meinen Ideen! Ein bisschen Theater vor dem richtigen Publikum – das könnte klappen.

Doch, doch!
Das war bestimmt nur Pech!
Nein, die haben ganz schlecht gespielt, sagt man!
Echt jetzt?
Doch! Schlechte Serie. Und keiner weiß, warum.

Wir machten noch weiter!
Vielleicht ist die **Mannschaft** ja verflucht!
Nein!
Kann doch sein! Von einer bösen Hexe vielleicht. Eine fiese alte Hexe hat sie mit einem bösen **Zauber** belegt!

Hey!
Ihr Würstchen!

Auch wenn wir ein paarmal verloren haben:
Gegen euch aus

Hegenwald

werden wir immer gewinnen!
Mit oder ohne

Hexenzauber!

So kamen wir nicht weiter.
Warum nur spielte **Ludwigsbrück** so schlecht?
Und wie könnte man das ändern?

Der **Wunderstürmer** und ich
dachten darüber nach.

Sehr angestrengt.

Sehr, sehr angestrengt.

Ich glaube, gleich kommt wieder was von oben!
Saft?

Du musst **Trainer** von
Ludwigsbrück werden!

Ich?
Ja!
Nein!
Hab ich doch gesagt!

Nein, nein, nein.

Das ist der **Trick-Trick!**
Ich versteck mich und sage dir beim Training, was du machen sollst.

Der **Trick-Trick-Trick**:
Und ich tue so, als wüsste ich, was du meinst!

Eher der **Trick-Trick-Trick-Trick**:
Denn die Mannschaft wird dir schon glauben. Du bist schließlich der Wunderstürmer!

Ganz schön verzwickt, oder?

Und vertrackt!

Aber auch in Ludwigsbrück
wusste man, dass Sergio und
ich dicke Freunde sind.

Wie sollten die also glauben,
dass er wirklich ihr neuer Trainer
werden wollte?
Ich hatte da schon so eine Idee ...!

O nein!
Es ist so schlimm! Tim und ich sind keine Freunde mehr! Nie mehr!
Was? Wie bitte?

Noch mal: Tim und du, ihr seid keine Freunde mehr?
Nein. Gar nicht. Überhaupt nicht. Nie mehr!
Und warum?

Er ... er ... er ist so ein gemeiner Kerl.
Er wollte verhindern, dass ich euch für ein paar Tage trainiere.
Bis zum Wochenende, wegen des Spiels gegen **Hegenwald**. Sondertraining jeden Tag mit dem **Wunderstürmer**.
Das bin ja ich. Denn ich habe gehört, dass ihr eine schwierige Phase habt.

Du willst uns trainieren? Bis zum Spiel gegen **Hegenwald** am Wochenende? Jeden Tag? Und Tim und du, ihr seid wirklich keine **Freunde** mehr?
Nick
Nick
Nein. Ja. Ich meine … Tim ist mies und fies, er ist gemein und so. Und ihr seid nett und braucht Hilfe!

Aber du wohnst noch bei ihm, oder?
Ja, aber wir reden kein Wort mehr. Tim ist nicht mehr in meiner **Start-Elf!** Raus! **Rote Karte!**

Huhu!
Moritz!

Ist das ein neuer Freund von dir?
Ich backe wieder Kuchen für euch.
Für das Fußballspiel, freust du dich?

Zugegeben, Sergio ist
ein mieser Schauspieler.
Macht aber nichts, denn Max
hat es ihm ja geglaubt.

Und gut, dass Tante Rosalie gleich
wieder ins Haus gegangen ist. Aua!
Ihre Tasche war ganz schön schwer.

Schwieriger wurde es schon bei uns zu Hause.
Denn Clemens sollte ja auch glauben, dass Sergio
und ich keine besten Freunde mehr sind.

Sergio, wenn du nicht mehr Tims bester Freund bist, kannst du dann Einhornis bester Freund werden?

Aber das klappte anscheinend auch!

Wenn Max und Clemens daran glauben, würde die restliche **Mannschaft** von **Ludwigsbrück** auch nicht zweifeln, dass wir keine Freunde mehr waren.

Gordo, der Trainer, war sofort begeistert von Sergios Hilfe.

Nur sein Hund ist ein kleines **Problem** ...

Sonst lief es gleich von Anfang an super!
Na ja. Nicht so ganz.

Pst, erst mal aufwärmen und drei Runden allein mit dem Ball laufen.
Also, Leute. Nicht so lärmen und drei Sekunden allein mit dem Ball schaufeln.
Und wir?

Pst, Freistöße links unten antäuschen und nach oben rechts in die Ecke.
Jetzt **Freistöße**. Winks unten abwischen und dann nach oben rechts in die Hecke!

Verstehst du was?
Nee, aber die treten uns bestimmt gleich trotzdem.

Pst, gut gemacht.
Hut gebracht. Also, ich meine: Bringt mir mal eine **Mütze** von **Ludwigsbrück**. Denn ich bin verdammt stolz, euer **Trainer** zu sein.

Liebes Tagebuch, es lief also, trotz aller Schwierigkeiten. Aber ich muss mir echt ein anderes Versteck suchen ...

Aber dann ...
Hallo, Kinder.
Trainiert ihr auch fleißig?
Ach, Moritz, dein neuer Freund
ist ja auch wieder da!

Ich habe schon fast alle Zutaten für den Kuchen eingekauft. Und vorher Baldrian aus der Apotheke geholt. Gegen die Aufregung.

Was für einen Kuchen soll ich denn diesmal backen, Kinder?
Gar nichts, ich werde sonst zu dick.
Torte, wie schick!

O Mann, wenn ich die
Oma schon sehe!
Oder Sahne-Baiser?
Mit Ei-Schnee? Okay?
He, das war Ecke!
Oder lieber eine
Zimtschnecke?

Und Schuss!

Mit Zuckerguss!

Liebes Tagebuch!
Unser **Trainingstrick** hat
also gut geklappt. Eine taktische
Meisterleistung. Clemens hatte
sogar gute Laune!

Ich bin hier für die scharfen Flanken zuständig.
Ich für die Löcher in der Abwehr.

In der Schule wurde das **Versteckspiel** aber schwierig. Zumindest in der großen Pause.

Und warum? Habt ihr ein **Wundermittel** gegen das Verlieren gefunden?
HA HA HA
Kann man so sagen. Wir haben den **Wunderstürmer** als Trainer!
HA HA

Beim zweiten Training wurde es auch nicht einfacher für mich. Ich hatte **Konrad** und **Mareike** mitgebracht.

Aber wo waren die eigentlich?

Ich hatte zumindest ein neues Versteck.
Pst. **Doppelpass** üben. Vorlaufen, dann abgeben und zurück!
Leute, also: Hoppelspaß bis drüben, dann verschnaufen und zurück!

Leider übten sie dann **Torschüsse.**
Mann, sind die schlecht!

Aua!

War eigentlich dieser **Ballhagel** im Wetterbericht angesagt?
Keine Ahnung, aber zur **Halbzeit** hört es meistens auf!

Na ja. Und geheim war es schon längst nicht mehr, dass Sergio hier der **Trainer** war!

Das **Schlimmste** aber war, dass es Sergio Spaß machte! *Er war gerne Trainer!*

Und er hörte schon bald überhaupt nicht mehr auf meine geflüsterten **Anweisungen**.

MAVALLI #9
Sergio
Sergio
RÜCK
EN
Pst!
Pst!
PSSSST!
Hört ihr das?
Ja. Ich glaube, da p-st was!

Zumindest konnte ich aus meinem **Versteck** heraus **Gordo** und den doofen Max gut belauschen. In der ersten Hälfte des Trainings! Und wo waren **Konrad und Mareike?**

Sergio sagt, mit **kurzen Pässen** können wir Hegenwald besiegen.
Aber wir müssen aufpassen, dass Tim das nicht herausbekommt!

Aber dann war **Pause.**
Und es passierte!

Der **Wunderstürmer** machte ernst.
Er wurde der Trainer von Ludwigsbrück.

Nicht der **Tricktrainer** mit Tims Taktik-Tipps.

Hallo? Hallo!!

HALLO?!?

Hallo?

Mein Trick hat offenbar zu gut geklappt.

Liebes Tagebuch,
ich kriegte nicht mehr alles genau mit.
Aber so viel schon:
Konrad und Mareike wurden
auch geschnappt!
Der traut sich wohl
nicht selber her!
Spione! Die hat bestimmt
Tim geschickt!

Jetzt sah es zappenduster aus! Wann würden sie mich wohl entdecken?

Und was würde **Sergio** machen? Mich verraten?

Mein Ruf als **fairer Trainer** wäre ruiniert!

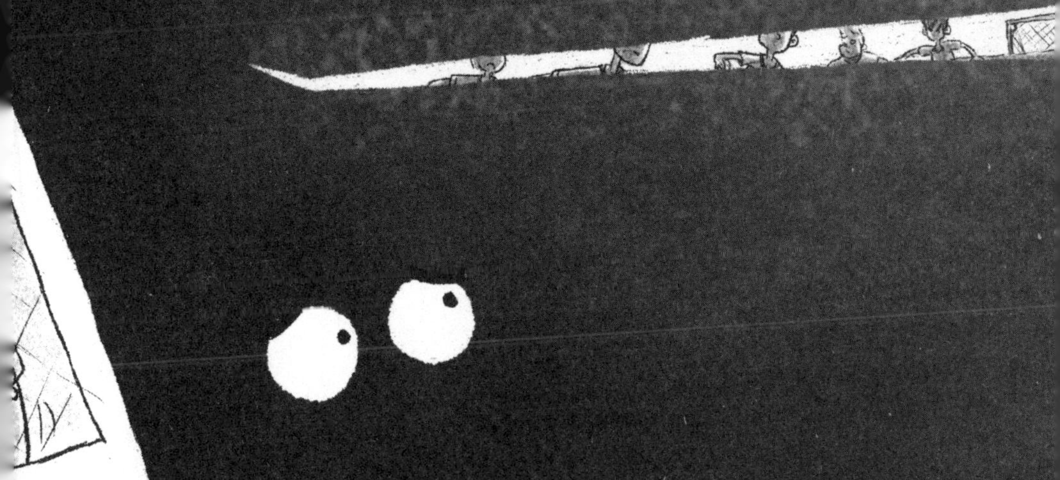

Sie kamen immer näher.
Und näher. **UND NÄHER!**

Aber halt!

Was war das?
Huhu, Kinderchen! Fußballfreunde!
Ich bin´s. Freut ihr euch?
Ich komme zum Zugucken.

Wer hätte gedacht, dass ich mich einmal so freuen würde, Tante Rosalie zu sehen! Denn sonst hätten die Spieler mich wohl entdeckt!

Huhu, Kinderchen! Fußballfreunde!
Ich bin´s. Freut ihr euch?
Ich komme zum Zugucken.
Ja, wenn es mal so wäre!
Ha!

Liebes Tagesbuch, am Abend hatten Sergio und ich dann leider richtig **Streit!**

Sergio! Das wäre ja vorhin beinahe schiefgegangen! Wie wollt ihr denn jetzt am Wochenende gegen uns spielen? Mit **kurzen Pässen?** Und wie noch?
Nein. Als **Trainer** von Ludwigsbrück werde ich meine **Taktik** nicht verraten! Wir werden uns auf den **Gegner** einstellen und als Mannschaft unsere volle Leistung abrufen!

Aber Sergio! Du bist doch nur zum Schein der Trainer! Das war doch der **Trick!**
Da hast du kein **Glück!**
Was soll das **Gezick?**
Und dein **böser Blick!**

In einem Satz: Wir sehen uns auf dem Platz!

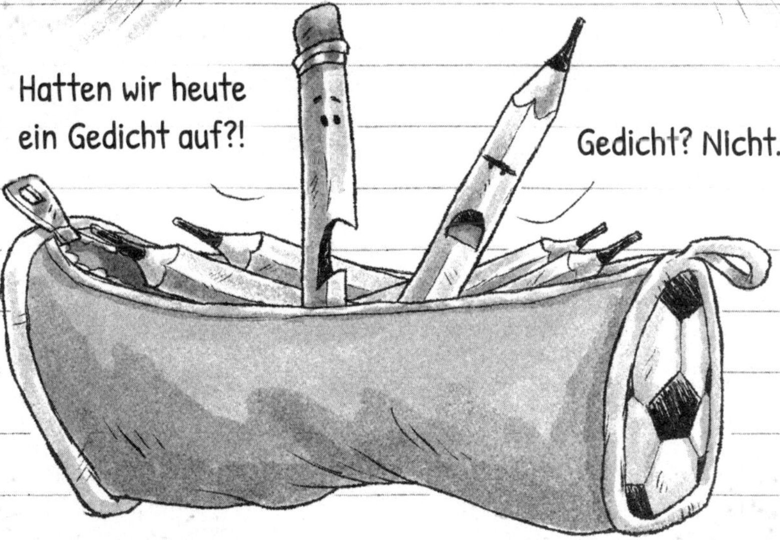

Es wurde nicht einfacher,
so viel war sicher.

Liebes Tagebuch, ein großer **Trainer** muss auch eingestehen, wenn er falschgelegen hat.

Ich musste neu überlegen. **Ludwigsbrück** war jetzt wieder ein ernst zu nehmender **Gegner**.
Stark. Vielleicht sogar stärker als wir?
Sind Sie auch sauer?
Klar!

Dass der **Wunderstürmer** unseren nächsten **Gegner** trainierte, war auch hier das große Thema. **Kein Wunder!**

Die Stimmung war ziemlich mies. Auch wenn sich meine neuen **CO-Trainer** Mareike und Konrad viel Mühe gaben, diese zu heben.

Zeit für eine echte **Trainer-Rede.**
Ein guter **Coach** weiß, wann er zu welchem Mittel greifen muss.

Leute!
Hört mal her!

Ich weiß, die Lage ist nicht einfach. Aber auch wenn der neue **Ludwigsbrücker Trainer** ein **Wunderstürmer** ist, internationaler **Fußballstar**, italienischer Nationalspieler, **Supertyp**, die begehrte **Sturmspitze** des **FC Fortuna**, der überall auf der Welt von Fans und Fußballfreunden verehrte und bewunderte **Sergio Mavalli**!

Auch dann haben wir eine Chance!

Also, Leute, was haben wir?
Wir haben viel auf unserer Seite.
Denn wir können auch Fußball spielen!

Keine Chance.
Keine Lust.
Keine Ahnung, wie wir gewinnen können.
Wie könnt ihr euch nur so hängen lassen?
Hallo, ist das nicht mein Text?

Liebes Tagebuch, als **Trainer** kannte ich meine Mannschaft schließlich am besten.

Ich wusste schon, wie ich sie motivieren konnte.

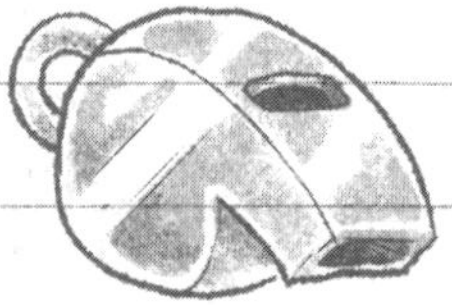

Kampfgeist, Mannschaftsgeist ...

… und Spaß am **Erfolg**.

Und eine besondere **Hilfe** zum Anfeuern – das zusammen brachte uns weiter.

Am nächsten Abend dann
die Überraschung.

Ich hätte es fast überhört.

Tim?
Kann ich kurz mit dir reden? Heute beim Training ist etwas Merkwürdiges passiert.
Passiert heute noch was?
Ich muss morgen früh in die Schule!

Sergio?
Aufwachen, wird noch mal spannend!
Echt? Ich wollte gerade mal abschalten.

Tim, ich kann nicht mehr!
War das **Training** so anstrengend?

Ich habe etwas entdeckt.
Beim **Training** heute.
Den Grund dafür, dass Ludwigsbrück in den letzten Wochen so **schlecht** gespielt hat.

Echt?

und, was ist es?

Sergio?

Nicht einschlafen!

Es ist der Kuchen! Da ist irgendetwas drin, das müde macht!
Der, den Tante Rosalie vorbeigebracht hat. Das macht die auch immer bei den Spielen.

Beim Heimspiel kommt sie selbst. Für die Auswärtsspiele gibt sie uns den Kuchen immer mit.
Was?

Tante Rosalie?

Will sie die Mannschaft von **Ludwigsbrück** mit Absicht schwächen?

Konnte das stimmen?

Sergio?

Sergio??

SERGIO???

Der Kuchen macht unheimlich müde ...
Sergio?

Liebes Tagebuch,
aber es war zu spät.
Der **Wunderstürmer**
schlief.

Aber in meinem Kopf rastete etwas ein. Tante Rosalie hatte da doch etwas gesagt beim Training von Ludwigsbrück.

Das war es!
z
Z
Z

Tante Rosalie hatte aus Versehen
Baldrian in den **Kuchen** gerührt.
Baldrian macht ganz schön schläfrig.
Deshalb war die Mannschaft von
Ludwigsbrück immer so **müde**
gewesen und hatte verloren.

Am nächsten Tag war das Spiel.
Und Sergio war glücklicherweise ausgeschlafen.
Wir mussten handeln.
Mareike und Konrad halfen uns.

Hallo, Tim! Und der neue Trainer meiner Mannschaft. Wie schön! Seid ihr schon Freunde geworden? Kommt herein, ich backe gerade den Kuchen für morgen!
Hallo, Tante Rosalie!

Das war meine Taktik: Wir wollten herausbekommen, ob es stimmte, was ich dachte.

In der Küche erlebten wir aber leider eine dicke **Überraschung!** Das konnte man wirklich sagen.
Jetzt geht es hier gleich rund, wetten?

So, Kinderchen. Dann backen wir jetzt alle zusammen. Moritz wollte mir schon gerade helfen. **Schokoladenkuchen**.
Das wird ein **Spaß!** Wer möchte rühren?

Tante Rosalie, welche Zutaten brauchst du denn?
Wer reicht mir denn mal das **Mehl?**

Und die **Eier?** Die stehen dort!

Finger weg!
Zucker
Eier? Auweia!
Und dann noch das Backpulver, das hätte ich jetzt gern.
Mach du doch!

Pst. Wir haben ihn.
Den Beweis!

Tatsächlich!

Wusste ich es doch!

Hust Hust
Du?
Wie hast du das denn rausbekommen?

Hust
Hust
Egal. Wir müssen verhindern, dass sie das **Zeug** schon wieder in den Kuchen kippt!

Wo ist denn die Flasche mit dem süßen **Birnensaft**? Den nehme ich immer statt Zucker! Kinder? Die Flasche war doch noch gerade hier irgendwo.

Hier, Tante Rosalie!

Liebes Tagebuch, damit war das Schlimmste erledigt. Wir machten, dass wir wegkamen.

Wir sehen uns auf dem Platz heute Nachmittag!

Kinder, möchte nicht jemand die Schüssel ausschlecken?
Nein!

Am Nachmittag war
dann alles bereit.
Allerdings hatte ich mir noch
etwas ausgedacht.
Heimlich.

Ohne Sergio etwas zu sagen.
Hier. Ich habe euch einen Kuchen gebacken. Weil ihr unsere **Lieblingsgegner** seid.
2
5
9

Ha!
Hier. Ich habe euch einen Kuchen gebacken. Weil ihr unsere **Fußball-Feinde** seid.

Nein! Nicht!

Und warum nicht, Chef?
Ist doch nett. Sieht lecker aus.
So ein Stück könnte ich
jetzt schon vertragen.

Nein, nein. Das ist nicht gut.
Kein Kuchen vor dem Spiel.
Alte **Fußballer-Weisheit!**
Prima, dann bleibt mehr für uns.
Genau, wenn die spielen, können wir ran an den Kuchen!

Und dann waren wir
endlich so weit.

Das Spiel begann. Und es ging
endlich wieder um **Fußball**.

Ich hatte mir als **Taktik** überlegt, dass ...
Huhu! Kinder!

Leider ist mir heute der
Kuchen im Ofen verbrannt.
Ich war kurz eingenickt.
Aber dann habe ich einfach
noch einen neuen gebacken.
Ein ganzes Blech.

Was?

Aber darum konnte ich mich jetzt nicht kümmern. Und solange die Spieler auf dem **Platz** waren, konnten sie ja sowieso nichts essen.

Ludwigsbrück griff an. Über die **Flügel** mit langen **Flanken**. Und nicht mit kurzen **Pässen** wie vorher geplant.

Und mein Bruder Clemens war
in die **Sturmspitze** gerückt.
Mist!

Es musste mir schnell etwas einfallen!

Und das tat es auch.

Ich ließ über das **zentrale Mittelfeld** spielen. Mit einem **Ballverteiler** und drei **Dribblern** daneben.

Damit hatten die **Ludwigsbrücker** nicht gerechnet.

Hurra!
Das war der Ausgleich!
8

Es wurde ein echter **Schlagabtausch**.
Ein schnelles Spiel mit vielen **Torchancen**!

Auch in der
zweiten **Halbzeit**.

Ich hatte als **Trainer** jede Menge zu tun.

Und Sergio auf der anderen Seite auch.

Es blieb schließlich beim **Unentschieden.**

Natürlich hätte ich mir einen Sieg gewünscht. Aber die Leistung meiner Mannschaft war gut. Es war auch für die Zuschauer ein schönes, ein spannendes Spiel, denke ich ...

Z Z
Z
Moment.
Die Zuschauer?
Z Z z Z
Z
Na, so etwas!

Tim!
Tante
Rosalie!
Z Z Z Z Z Z Z Z

HA HA HA HA HA
Die haben alle von ihrem Kuchen gegessen!
HA HA HA HA HA HA

Hauptsache, wir konnten in Ruhe **Fußball** spielen!
Lecker war es trotzdem.
Ein leckeres Unentschieden.

Ocke Bandixen

erzählt Geschichten, seit er denken kann. Geboren wurde er 1970 in Nordfriesland. Er hat Literaturwissenschaft studiert und arbeitet heute als Journalist beim Radio. Inzwischen lebt er in Hamburg, hat selbst viele Kinder und liest den jüngeren jeden Abend etwas vor. Fußballspielen kann er übrigens nicht besonders gut, das muss der **Wunderstürmer** erledigen.

Dominik Rupp

Jahrgang 1989, studierte Design mit dem Schwerpunkt Illustration an der FH Münster. Seit 2012 arbeitet er für zahlreiche renommierte Verlage. Heute lebt er mit seiner Familie in Aachen und schaut beim Fußball lieber von der Tribüne aus zu.

FSC®
www.fsc.org
MIX
Papier aus verantwortungsvollen Quellen
FSC® C014496

Klimaneutral
Druckprodukt
ClimatePartner.com/18521-2202-1001

ISBN 978-3-7432-1125-4
1. Auflage 2022

Umschlag- und Innenillustrationen: Dominik Rupp
Umschlaggestaltung: Michael Dietrich
Textgestaltung: Dominik Rupp
Printed in the EU

www.loewe-wow.de